EL ROMANCE
Y LA FLOR

José Carlos Turrado de la Fuente

EL ROMANCE Y LA FLOR
Primera Edición 2024

© José Carlos Turrado de la Fuente 2024

© Ediciones Rilke.
http://www.edicionesrilke.com
editorial@edicionesrilke.com
C/Dr. Fleming Nº 50, 4ºD
28036 Madrid
Teléfono: 34 91 999 13 12

ISBN-13:978-84-18566-38-7

Depósito Legal: M-5268-2024

EL ROMANCE Y LA FLOR

JOSÉ CARLOS TURRADO DE LA FUENTE

PROEMIO

Recen.

Dios se encuentra en el ente como cualidad pero, a diferencia de nosotros, eso a Él no lo agota ni lo define. Precisamente por eso Él es Dios y nosotros no, por hallarse también más allá de sí mismo; precisamente por eso nosotros nunca podremos demostrar su existencia; precisamente en nuestra incapacidad de demostrar su existencia subyacen su condición de creador y nuestra naturaleza de criaturas limitadas. No es un gran avance de la Teología moderna: para nosotros, "Dios está en el silencio".

Pero no teman. No hay óbice para que puedan conocerlo con una sencillez sobrecogedora. Normalmente basta con preguntarle: "¿Estás ahí?" Si saben escuchar, estará encantado de responderles directamente, personalmente: "Sí". Sólo hay que querer escuchar. Ahora bien, no les garantizo que les vaya a decir algo que ustedes quieran saber.

¡Pero pregunten, hablen con Él! En el no preguntar nuestras ruidosas y atormentadas almas lo han perdido como experiencia, lo único que podría ser para nosotros. Al mundo le falta oración.

Se lo suplico.

Por favor, recen.

Valladolid, 16 de enero de 2024

Del ciel le porte, or per età vetuste:
Oh! se' tu Roma, o d'ogni vizio il seggio?

Alfieri

1

Niña de los ojos negros
sobre dos corceles blancos,
uno hacia la altura etérea,
otro hacia aras entre álamos,
uno saeta en galaxia,
otro entre follajes lacios,
infliges caballerías
al infante desarmado:
a tu parada Belchite
es una ruina entre cardos,
ábregos rotos, enfermos,
los tapiales fusilados;
pasaste como un susurro
por un Toledo sitiado,
huele tu espada a romero
y a espina endrina tu dardo;
te cebaste con Sigüenza,
no palpitaba su páramo,
si lo rebusca el presente
halla un confín despoblado;
se ve allá en Cabo Espartel
naufragar un bauprés parvo
aromando con burbujas
un cielo contaminado.
Yo te echo en falta, mi niña,
yerta niña de ojos blancos,
aunque soy mozo odrinero
y no ya altivo soldado,
pese a mi abrazo feraz
que es hoy fiebre, crudo y calvo,

y no podría aguantarte
ni un compás, sordo y esclavo;
deja a este lento mostrenco
allegarte un seco labio,
rozar una postrer vez
tu silencio aquí enterrado:
nada tengo que contarte,
por no contar demasiado.

2

Aire caldo, calina Sahariana
y lady Saints en el golfo de Adén,
un lorito despierta en la mañana,
espera a la damita un palafrén
que habrá de transportarla, porcelana,
ebria de té, a la estación de tren;
ya el *clipper* surca el mar tempestüoso,
en Goa espera nervioso su esposo.
Va sola y virginal,
lleva un baúl, gorrito y azucenas,
labor es de dedal,
azarada y serena,
en la borda es silente esta sirena
del orfeón de aquel príncipe Alberto
que sueña catedrales en la nieve
y salves por Lahore y su desierto,
se mueve leve el siglo XIX
que ha de dejar al orbe boquiabierto,
atrás quedan hambrunas de la plebe,
el mundo tras la mar respira, aguarda,
a esta mujer que duda y se acobarda.
El Índico, primero,
celeste no es, ¡rediez, naranja un mar!,
corales en rimero,
crudos, sin desbastar,
el barco pretenden descuartizar;
y lord Saints, mientras tanto,
dormita en un gris, nublo fumadero,
ora seda, ora espanto,
entrena su "te quiero"
como un cordero rumbo al matadero.

3

¡Ay, manceba morabita!,
¿cuál será tu contraseña?,
asoma tu cuello esbelto
en lo alto de la torreta,
que llego desde Castilla
y mi gorja está desierta,
sedienta de tu palabra
tan dulce, con ser secreta;
¿será esa palabra "lucha"?,
dime, tras tu celosía,
tú te callas, tan morena,
zozobra mi fantasía,
y yo indago, urdo y naufrago
por mi espíritu suicida,
mi rocín es espelunca,
y es espectro, y no respira.
¿Es la contraseña "fuego"?
Tus labios, rojo silencio,
tan rojos como la sangre,
como tus ojos tan quietos,
y vago como alma errante
por mi mente de agua y hierro,
mosto ralo y desabrido
derramado en mil tormentos.
Digo, luego, "pundonor",
ni un hervor en rostro cándido,
mientras escucho azariento
que se distancian tus pasos
lejos de la tu ventana,
laten urgidos mis pasmos,
busco en guía de poetas
flores, sones, credos, salmos.

Por favor, di que es "amor",
que viajo desde muy lejos,
he pecado y he matado
para arribar a tu puerto,
no te vayas, óyeme,
que he sacrificado el Cielo,
no soy noble ya, perdí
por ti incluso el abolengo.

4

Mi lancha por este sauzal navega,
voy yo, sin remos, mascarón de astillas,
las ramas blandas me peinan y ciegan,
tinieblas en el parque de la Quinta,
el cerezo sangre se deshoja,
me desaloja
venas encintas
de anhelos de tu ser, venas vacías.
Tan tarde, miro ansioso mi reloj,
en vano, ¿es que esta noche no amanece?,
no escucho a la calandria y su fulgor,
la escarcha me repela, arde y escuece,
¿no íbamos a compartir el dolor?,
alrededor
nada sucede,
tan sólo que mi tiempo cede y muere.
Tiempo de infancia,
cruel, transparente,
tiempo del viejo,
parco y sufriente,
tiempo de nada
de adolescente,
de Eclesiastés,
tiempo de Jueces.
Mi lancha quiere odiar, bogar, vengarse,
el sauce peina mis calveros ásperos,
y yo, a decir verdad, voy a esperarte
allende las auroras, los ocasos;
quisiera yo remar, trepar, culparte,
mas de qué vale
tan cruento el llanto:
me siento, ya no escucho mi fracaso.

5

Afrenta oculta un cendal
de ritmo felino, lenta
tesitura cristalina
que huele a frescura y menta;
es tu aliento, creatura,
es tu aliento, mi princesa,
bésame y muera la tarde,
no la quiero, se dispersa.
Agosto abrasa estos llanos
y los llaga, ¡qué destrozo!,
mas tu boca es manantial
de un río de grato mosto;
un labio, tonos de fruta,
de néctar dulzón el otro,
grana el jugo aquí, en mi vaso,
¡qué me importa si me inmolo!
A limón bien aromado
huele el aire, conmoción,
a toronja y a naranja
y a placer al alimón,
¡qué cerca siento tu lengua!,
¡qué queda de mi atención!,
te prefiero a ti, mi amada,
ya sucumba el corazón.
A la seda de tu piel
no antepongo yo la Tierra,
suave como brisa alada
que flota por la aliseda,
y si la rozo un poquito,
si la siento cerca, cerca,
no recuerdo ni mi edad,

bagatela es mi alma entera;
a la tela que te envuelve
no hallo parangón, riqueza,
que una vez que me has ungido
ni la nada a mí me altera,
llévese mi nombre olvido,
extíngalo y que no vuelva,
no voy a moverme, no,
no sea que yo me pierda.
A la vez que te aproximas
te allego encinto mi piel,
lamento cuán estragado
es el pago a esa tu tez;
pero te sé generosa,
¿qué harías si no, mujer,
sobre este sucio camastro
que hoy vibra de esplendidez?
Al vuelo voy a atraparte,
perdón por mi torpe verbo,
lamento mi fría sombra
y mis historias de abuelo,
ya ves que rejuvenezco,
ten paciencia, es un momento,
tendremos los mismos años
en el nadir, lisonjero;
arrepentido ya estuve,
ya regresé, con sentido,
a tu vera que me acoge
en cuanto la he arremetido,
y es veraz, ¿o no lo notas?,
noto anhelo compartido,
este susurro dedico
al criterio de tu instinto;

azulado ya amanece,
he superado el verano,
cerúleo conforta el cielo
de tu presencia atulado,
yo despierto, duerme, duerme,
tu descanso te has ganado,
velaré aquí todo el día,
centinela de tu encanto.

6

Marco Antonio en el Nilo de Ramsés,
no trajo su batalla, banquetea,
kebenit tan descastado y burgués,
mientras el sol se pone, fantasea:
no existió Farsalia, existe el licor,
ni el lago Curcio, pero sí el olvido,
¿Aquilonia?, de guinda el dulzor,
Lípari amansa el barco, conmovido;
una amura, horizonte, otra, mujer,
que un nombre no me mate de un recuerdo,
¡es tan templado aquí el atardecer!,
cordura no, ¡por Jove!, odio estar cuerdo,
¿cuál es la lengua en la que masco y pienso?,
ya no me importa, y eso que vencí...
"¡que no!", me acucia el corazón tan tenso,
pero prefiero el Nilo, dice sí.

7

No soy alto, no soy guapo,
soy sártalo sin virtud,
vanidoso y pendenciero,
mentiroso, soy gandul,
además estoy enfermo,
otro plato en mi menú,
venéreo, por lujurioso,
repugnante es mi salud;
carezco de humor y gracia,
es violenta mi actitud,
y soy algo retrasado,
ningún Einstein, ya ves tú,
tengo el pene muy pequeño,
soy pobre, ninguna luz,
soy cobarde y pesetero
y huelo a podre y betún,
y a cigarro (soy vicioso),
y no he terminado aún,
porque me come la envidia:
un traidor de baba y pus.
Sólo una cosa sé hacer
mejor que la multitud:
agarro un tambor a veces
y canto a la ingratitud.

8

Caridad hacia el valiente, preceda,
y esfuerzo modelado de su voz,
el paso de este loco de su alfoz
tal vez un día, dama, usted me ceda,

y fruto de su ubérrima arboleda
pueda yo degustar, ora precoz
o añejo ya de una afonía atroz,
es toda mi esperanza, ¿qué me queda?

que más vale tardío que negado,
supongo, pues soy hombre cual cualquiera,
y marcho aquí ya por el verso sonce

sembrando soneto desperdiciado;
aún es usted dama, mi quimera
del oro, o de la plata, o sea bronce.

9

Volverán los analistas
de un porvenir desalmado
por no encontrar el porqué
de tanto furor de cálamo,
por no entender al poeta,
tanto verso delicado,
dedicado a la hembra humana,
sacarán un corolario
de tediosa sinrazón,
de incomprensión inundado.
No entenderán al mugrón
do yaceré yo inhumado
con un rosal en el núcleo
celular enraïzado,
en tu cuerpo verán tijas
y mantillo desbrozado,
achacarán teorías
arcanas al hombre parvo.
No entenderán la labor
del corazón desguazado
que en una mansarda escura
insomniaba tus cuidados,
ignorarán los abismos,
las angustias y el espanto,
hilarante será el ¡ah!
de aquel vate tan romántico
que puso en riesgo su vida
por ganar ser bien mirado
por una Conchita López
o una tal Carmela Pardo.

Portavoces de la muerte,
de demonios sordo heraldo,
es que no te conocieron,
no escucharon esos labios,
tasarán piedra rubí
como ripio mal pesado,
el mirar de la amatista
como lodo y como barro;
de unas hebras de oro puro
colegirán recios cardos,
y tu fragancia a retama
les hederá a terrón árido;
¿qué sacarán de tu gesto,
del movimiento acendrado?,
¿conocerán a la niña
sita en tu seno hojaldrado
que se asoma candorosa
por tu iris abalconado?
¡Oh, porvenires ruinosos!,
¡ay, esotéricos malos!,
¡no comprender que no muerto
estaba el enamorado!,
¡que esa reliquia costrosa
de vuestro tubo de ensayo
estuvo viva una vez!,
hace falta ser marrajo…,
¡que una voluntad real
habitó en el tormo ralo
que guardáis en el formol
de vuestros baratos frascos!
No te conocieron viva,
pobres, pobres desgraciados,
¿cómo entender el soneto
que escribí sobre tus manos?

10

En mi catacumba están,
huyan raudo, que no es tarde,
que quien firma aquí, quien arde,
no es santo ni capitán,
Mateo, Lucas ni Juan,
ni Marcos, no soy profeta,
si acaso, de cuchufleta,
un burdo pelafustán.
No digan luego, prosigo,
que vendí mi obscuridad
sin respetarles la edad:
soy malo, no soy amigo,
no les he ofrecido abrigo,
todo yo calamidad.
Si vivo aquí, bajo el suelo,
por algo, digo, será,
tirado en este sofá,
sin futuro y sin consuelo;
no juegue a ser mi gemelo
y escape por donde vino,
no hereden el cruel destino
de quien precedió a este abuelo;
¡cierren la puerta, por Dios!,
¡que no, que la luz no quiero!,
bien la cobra, pesetero,
¡hale, déjenme y adiós!

11

Los hay, los hay que no entienden
la razón de escribir tanto,
¡pero cómo escribir menos
si es en ti el estar pensando!,
es mi boda deleitable,
mi luna de miel y ensalmo,
de vino y rosas donosas,
mi matrimonio dorado;
noche de puro derroche
que ocupa entero mi sábado,
que en mitad del nublo eterno
me reserva un astro claro.
¡Pero cómo escribir menos
si es cuando te siento al lado,
si es cuando habitas más viva
en mi pecho y mi regazo!;
¿quién cerraría su puerta
al ángel que está llamando,
llameando fulgurante
y al aldabón repicando?
El sábado huele a orquídea,
a gardenia y jazmín cándido,
a nieve en el aire fino
y clorofila del prado;
sabe el sábado a confite,
y a frambuesa, nuez, arándano,
a baya del grosellero
que surte a ríos tus labios;
la música anega la estancia
de violines y pïanos,

caramillos inocentes
y coros emocionados;
horizonte es a los ojos
de lejos esperanzados,
paisajes de campo abierto
a lomos de los collados;
te toco la piel, la toco,
tersura y calor sagrados,
tu ternura se condensa
al bies del dedo cansado;
el sábado voy a Atenas,
en Siena paso mis sábados,
a la orilla del Bolsena
o en jardines de palacio
de una Persia de ultramar
o un nazarí conquistado.
Los hay, me miran melujos,
que no creen en los milagros,
que no entienden ¡ay, cuán pobres!
el porqué de escribir tanto.

12

Cada día me dedico a soportar la vida,
cuando vuelvo a mi lecho digo: "Misión cumplida",
no es mucho, ya lo sé, mas mi testa dolorida
no me da para más, aguanta mejor dormida.
Y es que sois de aburridos… ¿Qué pretendéis?, ¿que mienta?,
¿que os disculpe otra vez más, me calle o me arrepienta?,
sorprendedme, ¡joder!, ya veréis qué bien me sienta,
¡si estoy acaso enfermo!, ¡no hay que aguantar tormenta!
¡Enfermo de vosotros!, nunca es bueno fingir,
se acaba como yo, medio muerto de seguir
el rollo mentecato para sobrevivir,
pies fríos, cara fría; mantita y a dormir.

13

Ya no busco más batalla,
muros de Jerusalén,
sólo quiero volver vivo
a mi casa allá en Aller,
a mi aldeíta de Nembra,
junto a Urbina, allá a sus pies,
malhadada guerra aquésta,
¡oh, Dios, déjame volver!;
a mi patio tan menudo
donde un mastín leonés
guarda celoso mis siestas
tan transidas de placer;
huele al heno del pajar,
de mi prima la niñez,
la niñez que medra moza
en su rostro y su jaez;
a mi pueblo de robledas,
de hayedo y dulzor de miel,
al magosto del otoño,
al sabor de queso y nuez;
a mi prima, a mi Candela
que ya tiene dieciséis,
que ordeña cada mañana
a las cabritas y al buey
guía por los pastizales,
vara en mano y blanca piel,
a sus piernas fuertes, recias,
y a su vientre de mujer.

¡Dime, Dios!, dime, ¡Dios mío!,
dime que no moriré,
que a este alfanje aquí en mi vientre
sin más sobreviviré,
que esta sangre que ahora escupo
volverá presto a mi ser,
¡por qué, Dios!, ¡por qué, Dios mío!,
¿por…

14

No tuve yo de fauno vocación,
¡rediós!, que yo estudié para Virgilio,
por mucho que compartan domicilio
y entrambos vivan de hurras y canción;

yo echo la culpa a la perversa Albión,
empero sé, complejo es el idilio
que ha dado con mis huesos en exilio,
mi pífano no colma el odeón;

lacio es mi vello, sinüoso el canto
y casi todo el día aquí sesteo
sedado de pereza y de rechazo;

hay pena, mi doncella, y desencanto
en la alegría de su amante feo;
para verla pasar yo me disfrazo.

15

Acaban de reiterarme
que en esto del escribir
discernir el bien del mal...
es arduo de dirimir,
discriminar al maestro
de oficial y de aprendiz;
¡cuán sagaz el argumento!,
he vuelto a aceptar que sí,
así que sigo aprendiendo,
quizá algún día un tomín
de eco y reconocimiento
me pueda tocar a mí.
¡Toda una vida leyendo
y escribiendo en mi fortín!,
tal vez algún día de éstos
a este profe de latín
le respondan a su "salve"
con un "vale" bailarín,
que un poco de educación
nunca viene mal. En fin...

16

Ser el duende que te trepa
por magenta de las venas,
no ser yo;
ser el re de una balada
en un harpa delicada,
una pulsión;
ser monarca entre tus dedos
esponjando tus imperios
de candor;
ser sereno en tus adarves
guareciendo los umbrales
de tu honor;
ser tu sombra alta, elegante,
de tus pies hasta Levante,
hasta Japón;
ser soldado entre tu tropa
de destellos, y que arropa
a un niño sol;
ser tu espada Durandarte,
dama de armas y estandarte
y de pasión;
ser la sábana desnuda
que a tu espalda te acumula
la ilusión;
ser serpiente un día turbio
junto a ti en cualquier tugurio,
vino y ron;
ebriedad de tu mejilla
en feróstica homilía
y deserción;

ser cobarde a tu nostalgia
de ensoñaciones de Francia
y Nueva York;
ser memoria de tu invento
sin hilván ni fundamento,
sinrazón;
cualquier cosa ser contigo,
aire, fuego, agua, tu abismo,
tu dolor;
cualquier cosa, incluso vicio,
solamente yo te pido
no ser yo.

17

En mis sueños eres buena
(no temas, estás vestida),
mas te extrañará saber:
no eres la protagonista,
más bien eres el testigo
constante en sea la intriga
veleidosa y caprichosa
del magín sin policía,
una presencia callada,
la bella luz que vigila,
blanca, vívida y hermosa,
en la onírica pesquisa;
es hermosa por tus ojos,
la que irradia es tu sonrisa.
Si intento dinamizarte
y consumar la conquista
(síntoma de que mi sueño
se diluye y se termina),
ineluctable, fracaso,
te escapas de la malicia,
quedan intactos tus hombros
y tu turgencia felina,
tu filena carnación,
tus nobles gestos de ninfa,
salen indemnes del tacto,
a veces no de la vista.
Más de una vez me ha ocurrido
que justo el sueño termina
un segundo antes del beso,
cuando el corazón palpita
como carga de corceles,
libre y feliz estampida.

Despierto entonces de pronto
en mi mísera yacija,
en la turbia escuridad
de mi alcoba dolorida,
tan íngrima y solitaria,
tan descuidada y proscrita,
esgrimo un labio ridículo
al aire de alma vacía.
Procuro a menudo volver,
no es posible, es bien sabida
la razón de esa derrota,
no enigma del analista
ni tampoco del poeta,
pero dura tanta dicha
a veces hasta un minuto
que alumbra la amanecida.
Es un minuto, si acaso,
feliz, sólo algunos días,
que la furtiva memoria
todavía te transita;
toda es la felicidad
que obtengo yo de la vida,
y me basta, es suficiente,
lo demás nomás me hastía,
y es un premio, y es un don,
no hay razón en quien confía
que le corresponda más:
nada entiende de la vida.

18

No, que no es una guitarra,
me parece que la llaman la leona,
mas da igual, se sacará,
ya verás, una canción de esta grandona
antes de que acabe el día;
si en esta sala vacía
levantas tus brazos tenue sobre el rostro
al tamiz de la cortina
mi bordón los seguirá, nudos los hombros
y tus muñecas sencidas;
si tus piernas largas, largas,
siguen ritmo de la andola y la folía
y aquesta estancia emborrachan,
los descalzos pies rumor en la tarima
me bastarán como guía;
¡ay, mi rayo bailarina!,
¡cómo se aceleran saltos en mi voz
a batuta peregrina!,
¡cómo renacen agudos de emoción
tan triunfantes tras mis risas!,
¡cómo se quejan los trastes
al pulso del fuste tuyo y de tu vientre!,
¡niña cuerda y niño arrastre!,
¡y estribillos del cabello van y vienen
hasta mis manos encintas!;
tu sudor huele a la brisa,
a la brisa de garriga nocturnal
de los insomnios de Ibiza,
cuando aún huelen tus formas como el mar
y mi garganta acaricias.

Fin de la improvisación,
¿conseguimos domeñar a la leona?,
agora dancemos los dos,
¿dónde estás?, venga, no me gastes bromas…
que la luna me vigila…

19

¿Y por qué no nos casamos?

Cuando salgo de paseo
por estos gélidos campos,
aliento en el bufandón
y guantes en el zamarro,
y mi vista al horizonte
atafagado levanto,
me azota arreciando el cierzo
por el soto pronunciando
su procelosa pregunta
que se me adhiere a los labios;
es la pregunta de siempre:
¿y por qué no nos casamos?
Remontando la dehesa,
ruta del pueblo aledaño,
con sembrado crespo, umbrío
abundando a entrambos flancos,
aguardando a que la noche
traiga el hielo cotidiano,
el silencio sideral
del planeta congelado
prorrumpe con la pregunta
compañera de mi espanto;
es silente y es certera,
me acierta en el centro exacto,
susurra la carretera:

"¿Y por qué no nos casamos?"
¿Y por qué no nos casamos?,
cuando dejan estas manos
una flor en el altar
de la ermita de Navianos,
repeladas por el frío,
aromadas por el campo,
y en los labios un abismo.
¿Y por qué no nos casamos?

20

Hipólita, amazona, laboreo
su tierra puelma de confrontación,
soy el obispo que hostia y oración
resiembra por su campo, tan ateo,

y tan a ciegas le canto y tanteo
que más que fruto saco desazón,
azar usted, que yo soy azadón,
hay lágrima detrás cuando bromeo;

y mire que sé que es usted guerrera,
que nunca pretendió usted engañarme
y dijo, repitió, que un alma fiera

jamás se presta a amores y desarme;
a veces siento que quiera o no quiera
usted me quiere, y doy en consolarme.

21

Si encuentran un niño muerto
y enterrado en el collado,
con los dedos lacerados
y una botella en el ano
por favor, no me lo muevan,
porque aún no he terminado.
Lo digo porque anteayer
me quedé decepcionado,
con el puñal sin usar
y la pala aquí en la mano,
porque algún o alguna imbécil,
por hacerse el bueno, honrado,
debió de encontrar el cuerpo
de la vecina del cuarto
y avisó a la policía,
¡hala!, ¡qué listo!, ¡qué majo!,
cuando aún estaba buena,
por lo menos por abajo.
Dijo el presidente Azaña
que en España, en estos pagos,
si quieres guardar secretos
es lo mejor de largo
escribirlos en un libro,
no mintió, y está probado,
y además, si es de poemas,
el efecto es redoblado.
¡Anda no me han dicho veces
(me lo tienen bien jurado)
que no han leído mi libro
porque escribo un poco raro
y no entienden lo que pongo

(será verdad, a aceptarlo),
y debería escribir
como tal o cual prelado!
Creo que voy aprendiendo,
soy alumno bien mandado;
voy aprendiendo a escribir
de tantos consejos sabios.

22

Si tú sonríes…
Dibujaré un sol de niño
con radiar de escalofrío,
y por ojos, dos pingüinos,
si sonríes;
le contaré a una lechuza
el chiste del moro Muza,
me matará una lechuga
si me insistes;
treparé a un albaricoque
disfrazado de remolque,
el juerguista de la morgue
si estás triste;
me ducharé con bombillas
en un parque de Sevilla
contra toda Andalucía,
lo imposible;
me cubriré los zapatos
con plumas de maragato,
gritando: "¡Soy un lagarto!",
eso es simple;
hasta me pondré caderas
de peluche, gordas, nuevas,
con caramelos de menta
y de perdices;
me cambiaré las orejas
por jorobas en Venecia,
inventando siete lenguas
de delfines;

aprenderé a levitar,
¡aprenderé hasta a cantar!,
a nacer, a vomitar,
si lo pides;
mas, por favor, no me mires
así, te lo ruego, y sonríe,
que es pronto por la mañana,
apenas pasada el alba,
queda mucho de jornada
y soy libre.

23

Comentan que un galileo
que anduvo por estas tierras,
antes de que en San Juan de Acre
erigieran las almenas,
te hizo amorosa la corte
como este gandul te hiciera,
muy diferente que yo,
y mejor, a su manera,
y que, no obstante, a él también,
samaritana altanera,
lo abandonaste sediento
postrado en esta cuneta.
¿Qué cuento habrá que contarte
para abrir tu fortaleza,
para gozar la ternura
que se adivina en la selva
de tus ojos femeninos,
de tus ojivas tan bellas?
¿Quién trepará y en qué escalas
a tus finas saeteras
donde se intuye un relumbre
de aguamarina y orcela?
Tan sólo te digo, sin ira,
que procedas con cautela,
no quede indefensa la ruta
de tu tierra santa y mueras
rea de un demonio abyecto,
arruinada y a la espera
de un imposible rescate,
degradada, estéril, huera;

no ceda la juventud
a una decrépita urgencia
por dos flores de papel
y una vacía promesa.
Cierto que quedé en mendigo,
sé para siempre una reina.

24

El concierto de Aranjuez y su ternura
le ofrecí a Titania en su visita a España,
me premió, de don Rodrigo tanta hazaña,
me colmó con su deleite y su dulzura;

mas después, finiquitada la aventura,
oteó allende el concierto y la montaña,
me pilló el ardid, la trampa y la patraña,
me persigue por vengar mi cara dura;

si la ven furiosa, por casualidad,
no le digan dónde estoy, se lo suplico,
que no tan nociva fuera mi maldad;

véndanle un torito, un vino, un abanico,
véndenle los ojos, que la oscuridad
salve cuero hispano de cabal borrico.

25

Como esqueleto tarpán
mi montura se aproxima
en esta frígida noche
oscura, envuelta en neblina,
a la almenara de Termes
donde duermes, mi querida,
dicen que cáliz de afeites
en mística cornalina.
Sé que es tarde para mí
pero ¡ah!, ¡cómo me hechizan
hechas hebras vaporosas
tus fragancias de vainilla,
al horno del tahonero,
de canela y mandarina!
Rondo por esta comarca
en cuanto se reconcilian
con el descanso sus huestes,
salvas en sus aldeítas
al calor de las laderas
de estas sativas colinas.
¡Qué desventura, mi amor,
ser tu fantasma suicida
acechándote en la noche
al olor de tu delicia!
Occitano aullar sin lobos
a esta gente aterroriza,
juro que nunca haré nada,
no hay maldad en este espía,
y tampoco a ti asustarte
pretende espectral visita;

no te espantes, mi doncella,
no huyas de mí si algún día
por tu noche somnolienta
sientes como un aura fría
olfateando tu cuello
y llorando compungida;
continúa, por favor,
apaciguada, dormida,
¡por Dios, no temas, por Dios!,
¡qué maldición tus mejillas!

26

No, no es un bandoneón,
me parece que se llama concertina,
mas da igual, una canción
su silueta y la tuya me solicitan
y se está acabando el día;
baste con imaginar
que alzas brazos, desnudos entre meldros,
al compás de su compás,
fumarolas de nostalgias y recuerdos
en esta sala vacía;
tu cintura en la penumbra
vuelta a una esbeltez de torno, arcilla y agua,
una cortina y la luna
estiada, y fragua de farol en pausa,
en tu síncopa escondida;
¡ay, mi bella bailarina,
cuando tus ojos en blanco me transitan
y este chisme se encabrita
y en un giro el gesto tuyo me suspira
y la voz me resucita!;
¡cuando el cuello tan violento
graba entre mis dedos lentos planto nuevo,
y me titubea el tempo,
con tesón de tu tacón, sonoro y recio,
y mi pasión acaricia!;
tu sudor huele a licor,
anisado es el dulzor en este hotel
junto al mar de Manacor,
todavía arena y sal croman tu piel
y en mi voz son lacería.

Fin de la improvisación,
aprendimos a tocar la concertina,
nos toca agora a los dos,
júrame que estás aquí, que no delira
mi triste canción herida.

27

Cuervo horrendo, no me rondes,
y tú, buitre, ¿por qué vienes?,
cuervo y buitre y Mequinenza,
estoy sano, si mi frente
está llagada y sangrienta
y mis ojos no se mueven
es porque estoy muy cansado,
no me ha llegado la muerte.
¿Veis? Mis ojos contemplan
mi chocita en Castroverde,
¿no veis a mi madre al quicio
rezurciendo los fardeles?,
¿a mi padre en el corral
dale a tundirles las pieles
a esos garduños y zorros
para venderlas el jueves?
¡Madre mía, cuánto sol!,
sol de Campos, Benavente
ya prepara la verbena
del Corpus, ¡cuántos vaivenes
de pasodoble y de jota,
y vino que sabe a mieles!;
¿cómo voy a morir yo
si no me casé con Merche
todavía?, todavía
falta mucho hasta diciembre.
Hola, Merche, estás muy guapa,
te quedan bien los claveles
en el pelo, en la mantilla,
pegan con tus ojos verdes…
¡Que te vayas, cuervo horrendo!,
¡no estoy mue…

28

Con este paisaje compongo tu sueño,
sedoso entretiempo de prado abrileño,
que escancia en la noche tu párvula edad,
tan llena de brisa, la mía vacía,
tu luz loma infanta, mi cima sombría
que riega en torrente tu jungla quizá;
mi laúd llagado pernocte a tu lado
y alfombre de fresas sutil entramado
de tu respirar, tu latir, tu tejer
la piel que reposa en tu gesta venusta,
meciéndote a sorbos mi voz tan adusta,
finjamos que somos marido y mujer;
que queden en nada las vidas pasadas
como poco cuentan eternas miriadas
de estrellas cedentes en su átono ardid,
y venzan azules de Cícladas grecas
fluyendo melifluos por cuello y muñecas,
mi amada, mi mar, mi mujer, mi jardín;
no sientas mi canto en sus vetas más rancias,
y sí mis modestias, jamás arrogancias,
quisiera ocultar mi mentir, mi dolor;
disfruta el laúd, ¡ah, mi dama doliente!,
¿no es fresco este jugo?, ¿no es fresca la fuente?,
perdona mi peste a formol y alcanfor;
no digas, ¡por Dios!, que este ritmo te ahuyenta,
¿no es sueño de nata?, ¿no es nana de menta?,
Friné, no despiertes, que es muy pronto aún,
si quieres te llevo a lomos de paloma
a alpestres glaciares o a villas de Roma
cubierta ligera en translúcido tul;

o sigan alacres nuestros recorridos
hasta los edenes do suenan quejidos
exóticos, dulces, del viejo sitar;
olvídame, hueco, soy eco lejano,
quiero ser recuerdo y nunca un humano,
que no acabe el sueño, el rondó, el virelay.

29

Llévense cuanto apetezcan
de mi mansión arruinada,
ni pregunten, nada quiero,
no quiero conservar nada,
sólo hay recuerdos cenizos
entre inútiles ferrallas,
desazón y escalofrío
repartido en las estancias,
y dolor, mundos perdidos,
frustración y bufonadas,
son los muebles como astillas
que me destrizan el alma.
Hagan serrín mi pasado,
dejen mi torre talada,
sus ojos ciegos, tapiados,
cumbre loca y engrifada,
sólo dejen a mi alcance
esta piedra suave y blanca,
sola, huérfana a la vista,
canto de orilla, de playa;
nada tiene de especial,
breve, lisa, pulcra y cándida,
pero verá, vil esclavo:
esta piedra fue entregada
como una prenda de amores
de manos de una muchacha;
es la piedra de un estío,
bruñida, fugaz, liviana,
es piedra de mocedad
escarchada y charolada,

la piedra de un abandono,
piedra en un pescuezo atada,
hendida en un corazón
y hacia un abismo arrojada.
Si regresan en un mes
a este viejo y triste alcázar
hallarán polvo y miseria
solamente en esta sala,
moriré sentimental,
mi figura aquí alunada,
un planeta mondo y hueco
y una piedra limpia y blanca.

30

Si tú me aprietas voy a celebrarte,
torpe equilibrio y martirio constante,
fumo apoyado en tu amor, barandal
donde se asoma mi extinta maldad;
seré el cantante añusgado con agua,
agua de herrero fragante y exhausta,
marzo y abril, fatuidad y mujer,
pronto comienza mi lira a ceder;
¿qué yo no haría, mi amada, por ti?,
pasto infartado en mitad del rodil,
¡el peregrino a punto de morir
que clama al cielo y responde que sí!;
¿porto guitarra o es la cimitarra
con la que hiere tu honor el canalla
que parasita tu cuerpo y tu flor
con un romance de mayo y langor?;
luego te pido que escapes, no escuches,
¡ay, taleguilla del traje de luces!,
tras nuestro cisma, radiante Estambul,
renacerá este coplero del sur;
yo quiero asirte, mas soy extranjero,
no sé decir ni siquiera "te quiero",
acecha junio y yo venga a fumar,
¿este bergante cuándo aprenderá?;
compás de jazz atosiga mi gaita,
el hermeneuta exige la desgracia,
¿qué medicina podría servir
a este coreuta que pide morir?;
presto me pudro sin casta y cautivo,
¿una veleta en la torre de un silo?,
trompa y trompeta, cayado y zurrón,
cede equilibrio: te quiero, mi amor.

31

Siente el helor de mi dedo
de mármol en tu columna,
hasta tus nalgas candentes
desde tu nuca desnuda,
hielo seco y transparente
que reciamente dibuja,
despacio, firme, de rejo,
dolor, placer; te pregunta.
No es pregunta, no lo es,
se parece, te espeluzna
a la vez que te congela,
tan violenta su impostura,
con los labios apretados
mi ceño se descoyunta,
busca palabras mi mente
y fracasa mi locura.
Te ciño, te inmovilizo,
tus brazos niños ni luchan,
les da terror el abrazo
del gigante en su tortura.
¿Qué pretende preguntarte?
¿Qué lo flagela? ¿Qué busca?
Por fin sale de mis labios:
"Mujer, no te mueras nunca".

32

Quiero ser mendigo, nomás jostrón,
un andrajo sin sensibilidad,
acoplado a esta turbia, herida edad,
y morirme ahora, sin emoción;

pero no lo consigo, ¡compasión!,
¿nadie me asiste?, ¡qué calamidad!,
¡cuán larga es esta dura viudedad!,
¡qué suerte si perdiera la razón!

Vendo pena, pero no me alimenta,
vendo nada, no conozco el dinero,
vendo viento, desconozco la fe;

¿nadie me atiende?, ¿nadie se da cuenta?,
¡entréguenme la nada que yo quiero!,
¡quién fuera más que un quién un corto qué!

33

No disparen, por favor,
y quítenme este dogal,
quítenme este caperuzo
que les tengo que explicar
que no me puedo morir,
que me aguarda en Alfalfar
mucha faena y trajín,
porque, bueno, es que…verán…
mi familia es propietaria
de un ameno naranjal
y tengo que cuidar de él,
porque si no… ¿qué será
de mi pobre niña, Herminia…?,
si la vieran… ¡ay, caray!,
y de Silvia, la pequeña,
que no puede caminar,
pobrecita y sus patitas,
tan flaquitas, de pardal,
¡ay, mi niña melindrosa!,
¡si pudiéranla abrazar!,
no me apunten, venga, vamos,
que no me voy a chivar…
¡Ay, perdóname, mi amor!,
¡ay, perdón, Natividad!,
¡ay, mi Nati, cuida de ellas!,
¡ay… Dios…

34

Ungulado, con pezuñas de Pan,
¿te puedo persuadir?, yo soy Virgilio,
¡ay, vana, evanescente manzanilla
mis trovas para ti no más serán!,
ridículas las bestias que concilio,
mi sínodo me aprueba, más me humilla,
¿un papa?, soy muñeco,
por tiara me corona un burdo fleco;
¡cuánto fustiga el hado
cuando cruzas mi prado, mi Astarté,
y engolo la falsía
de mi plebeyo estado!,
no siempre me deparas puntapié,
a veces no, mas sí la mayoría,
ignoras el dolor de esta mi trama,
mi inane criptograma;
mi sufrimiento es noble, y resentido
alzo tono fulgúreo,
así fracasa en ácido,
y luego me dalata mi vestido
de verde vegetal, nunca purpúreo
rumiante, que no plácido,
superfluo figurante del Cedrón,
barato guirigay es mi oración
y bufa irremediable mi campana,
desdeñas mi servicio,
te juro, no soy necio,
entono en griego y en voz italiana,
mis astas me anteceden por oficio,
tasan mi melodía en bajo precio,
mas colmo de ilusión
mi bárbaro rincón.

35

¿Qué he de hacer, si tú estás hecha
no de materia, mi engendro,
ni de energía siquiera,
ni siquiera de recuerdo?,
espontánea entre las cosas,
escondida entre mis versos,
¡ay, cuán cándido pronombre
que trïunfa porque pierdo!
Médula de locuciones
desnortadas, sin arreglo,
espíritu de lenguaje
sin otra esencia que el tiempo,
si no fueras tradición
yo sería tu desierto,
si tú fueras de este mundo
yo ya estaría en el Cielo.
Por festejar con tu hechizo
¿cuántos hombres no han ya muerto?,
levitas sin ceremonia,
endemoniados espectros,
viva belleza burlona
en el mar letal, violento,
encaramada en el rostro
de una joven y en su gesto,
en la angustia soberana,
a lomos del sufrimiento,
corre la contradicción
por tus venas como un ciervo;
si te tengo acorralada
arremetes con tus cuernos,

se me clavan en el alma,
asesina de ojos negros,
asesina de ojo azul,
asesina de ojos ciegos.

36

Reconozco, muchacha,
que el iris tuyo, cuito y argentino
me guía y me emborracha,
sendero de un destino
a veces célico, otras conchevino,
más de brasa fragante,
y que atufa mi estela demasiado,
porfiado o inconstante,
lenguaraz o callado,
no siempre conducente a lo sagrado;
pero yo te prometo
que poco esfuerzo tuyo es suficiente
para que este pobreto
que clama ante tu fuente
se trueque bueno, cándido y clemente,
creyente, esperanzado,
y vea tras tus ojos santa raza,
permanente legado,
destellante tu traza,
ázima fantasía y flor de hogaza;
doncella apolinar,
suplico que me hiles de tus linares
un reino, o un hogar
de sólidos pilares,
diamantes, de esmeralda o similares.
Pulso falta, lo sé,
amante de segunda, de tercera,
un Pepe tu José,
fantasía zaguera,
carpintería mesta, vil, vaquera,
bracera y aún más baja,

no más angelical por silenciosa,
ni noble por alhaja,
mártir por dolorosa
ni menos pandereta por ser prosa;
¡cuán lento que yo aprendo!,
me gano cada docto vapuleo,
¡qué poco que me enmiendo!,
repaso mi correo
y sólo leo lelo mi jadeo;
pero yo te aseguro
que antes del declinar crepuscular
tu bobo prematuro
te tendrá el cañizar
hecho rosal, el mampuesto sillar:
soy vulgar, mas constante
y, cuando corresponde, muy obediente,
humilde, no gigante,
quien arrostra tu puente
quizá no es caballero, sí valiente.

37

En Valladolid no nieva,
y es extraño, que hace frío
para venderlo a granel,
para quedarse aburrido,
pero se mete la niebla
y además llega vacío
el cielo que ha descargado
a discreción y arrecido
por arriba, por el norte,
por Burgos, León, vestidos
de blanco montes y llanos,
de gris los del pueblo mío.
¿Quién me iba a decir a mí
que estos últimos suspiros
iban a ser sobre nieve?
¡Ah, Bonaparte maldito!
Venga, que sea deprisa,
¡vive Dios, lento suplicio!,
venga, Satán, búrlate
del mercenario mezquino;
vamos, mete el descabello,
no me dejes aquí herido,
no quiero gangrena y muñones,
negror y miembros podridos.
Ya me llegará el calor
del Infierno merecido.
No quiero volver al pueblo,
muero mal, mal fui nacido,
y a Dios misericordioso,
si hay Purgatorio imprevisto,
pídole en lo venidero
no ser yo, no ser el mismo.

38

¡Que tiemble el barrio Belén
como tiembla Antïoquía!,
dama generosidad,
por tinajas la transportas
en tus caderas de hermosa
emperatriz de arrabal;
"son mis versos matorrales",
te prevengo, "y lodazales,
y tú entera eres primor,
estos solares decoras
que son diócesis de santos,
de arrebatos y esplendor".
Un sábado me regalas
y un planeta ocasional
asido del firmamento,
a cambio de poco, nada,
que te dedique un retrato
o acaso un canto o un verso.
Aquí, pluma, llevaré
más ligero a nuestra cita
mi indiano bandoneón,
de plata ronco y porteño:
"pareces mujer de alcuza,
¡oh! zohar en oración,
andaluza de Jaén
si tú quieres, o aquitana,
¿prefieres dama rosal,
gitana, canela en rama
o milagro en el Jordán?"

Te alejas moza, coqueta,
¿veintitrés años a cuestas?,
¡qué escándalo, desvergüenza!,
miénteme, di veintisiete
por lo menos, que soy bueno,
ejemplar, que no me venza
el titubeo del tiempo,
la maceración del aire,
por que cuando llegue el baile
a este poblado salvaje
lata libre el corazón
del Cupido y la danaide.

39

¡Ya quisiera oler yo a fragua
de una ciudad abadí,
donde vive una muchacha
que algún día conocí
en un patio de geranios
que, como guadamecí,
decoraban lujuriantes
un anochecer de abril!
Bella niña del herrero,
dame un nombre, di que sí,
antes de yunque y "te quiero"
dame un beso justo aquí,
en el vórtice del pecho
tan suspirante por ti,
por esos ojos de lumbre
y de embrujo andalusí.
Vino luna, satén luego
y aljófares cientos, mil,
carromatos por las calles
y agua en el aguamanil,
deleites de las alcobas
sin pensar y sin medir,
como lustrales arroyos
que bizman con su morir.
"Ando buscando trabajo,
pero estudio yo en Madrid,
cumplo pronto veinticinco,
el futuro pinta gris",
"¿veinticinco años tan sólo?,

siéntome como un Merlín
embaucador y rastrero,
¡vive Dios!, ¿qué has visto en mí?"
Y me escrutas sorprendida,
"¡ay, velay!, ¿qué he visto en ti?";
no llegamos a un acuerdo,
acordamos el reír,
el tálamo y la bañera,
un beso y un repetir
mañana en la terracilla
de calle Río Genil,
luego de Prudencio Uzar,
"lleva un libro y el plumín,
llevaré yo el pelo suelto
y un perfume de jazmín,
hierbabuena y mandarina,
y en el pecho un frenesí".

40

¿Cuál es el duelo perdido que afronto?,
invento el musgo que cubre este rostro,
nunca el orgullo me quiso matar,
¿puede lo mismo decir tu piedad?;
yo era un salvaje, aprendiz de colores,
pintor de letras y no de estertores,
rojo de sangre, morada mujer,
blanco de tumba me empieza a nacer;
soy desnutrido si elijo vivir,
interrumpido si escojo seguir,
¡perverso vicio éste de persistir!,
¡qué absurdo encono éste de repetir!;
mejor sería tu dúplice cuerpo
y no el estoque ni el cercén del miembro
sórdido, usado, sin fe, sin calor,
que ha promovido esta infame ocasión;
paso, dos pasos, presiento el fracaso,
pesa Chopin como plomo en mi mano,
plomo en el pecho, bala y ataúd,
cielo e infierno, pecado y virtud;
¿cómo el final puede ser?, ¡soy un niño!,
huele aún a henar mi cabello no ungido,
yo ya vivía antes que esta ciudad,
Londres, Sodoma, Belchite, Bagdad;
¿cómo ha salido tan mal el amor?,
pienso, no tiemblo y es firme mi voz,
por no apuntarte yo apunto a mi sien,
el ojo helado ni llora ni ve;
adiós, mi niña, yo hice cuanto pude,
crece a mi espalda de nieve una nube,
pasó poesía, ¿edad del callar?,
vuelto a ser niño, tiempo de empezar.

41

Ni siquiera te festeja
la taifa de Saraqusta,
patria ciega de tu rostro,
tuerta lengua sorda, injusta;
yo te pregunto tu nombre,
Alicia, dices, oscura,
criatura en noche pardina
extraviada en la locura;
si te acojo en un hotel
¡cuánto tu ebriedad conjura
por gladiar, sensual y altiva,
en mi lecho, que es inclusa!;
es muy triste mi relato,
será mañana apretura,
pero mientras te acaricio
las guedejas, negras, rubias,
los arabescos de alheña
que tu intimidad tatúa
en mi cansancio de anciano,
en mi trova sabia y cruda,
y me pides unos versos,
sin cautelas, sin astucias,
te pregunto qué anonimia
debe cifrar tus angustias,
pero tú dices Alicia,
Alicia Sánchez Segura,
junto a un ícono y un número
y un sonreír que deslumbra,
sonrisa desesperada
que huele a amor y no a duda,
que no falte ni la tilde,

y luego la jungla perdura
hora tras hora en mi lecho,
lïanas hasta en la ducha
que un domingo no despeja,
asgo guitarra y secunda
la despedida un romance,
con beso, que te saluda.

42

Débil, débil me atenaza el dolor,
duna en reino de Asmosis,
hambre de cadáver,
un encanto sin flor
de sales, mentida tuberculosis,
áspide vil, tirano pedigüeño,
varano de secano que inventó
el sangriento cantar del escarmiento.
Dúctil, dúctil es mi banalidad,
como estólido el rostro,
como errático el sistro,
como guzla manida, ebria maldad
glabra, reseco mosto
derramado en abismo.
¿Por qué a ti? No lo entiendo,
si tú merecerías un Petrarca,
acaso Ovidio, un Dante,
¿cómo aprendiz de orate
es el único en componerte versos?;
¡oh, princesa agraviada!,
cuán vacua dentellada de la nada.
Se aleja tu silueta
allá en la paramera,
onagros te contemplan.
Frágil, frágil mi cerebro conspira
para convencer al grande maestro
de tu beldad simpar,
mas por renga mi lira
quizá muy flaco favor te esté haciendo,
te tenga rea en mi trivialidad.

Lo intento, amor, trato de liberarte,
te canto y me arrepiento,
te venero y me ahuyento,
aturdo mi instrumento,
escondo tu identidad, Montu, Marte
que vence si solicita derrota.
Se me acumulan siglos
sedeños en la mesa,
solsticios, credos, rezos y grimorios,
gramáticas me pesan
en los párpados frígidos,
helados y parleros,
que suplican en tu nombre, en tu voz,
solicitan para ti cuerdo amor,
cardo pide para ti hermosa flor
y no esta marcha rastrera y simiesca;
soy yo, me llamo tormento de arena.
Feble, feblemente cubro, erosiono
tu piel de miel, vergel
llagado por mi golilla costrosa,
mi cicatriz pastosa,
te afea mi denodado quehacer;
¡pobre diosa!, ¿por qué no me eliminas?
Isis, dime por qué no se termina
mi torpe entretejer.

43

Diego Hurtado de Mendoza,
tan hidalgo e inocente,
los gavilanes activa
por laudarte y defenderte,
porque se dice en la Corte
que te persigue la muerte,
los libera carniceros
desde Levante a Poniente.
Vuelan a Chipre y Lepanto,
han legado un mar inerme,
sobre Roma van, acechan,
y sobre Troya se ciernen
y mientras, en tu balcón,
tú lo arengas vivo, alegre,
niña tan bella y sin par,
alba en fuegos, nueva, ardiente;
¡ay, si supieras, sin tiempo,
que el pasado es la serpiente
que huye y jamás se repite,
mas su paso permanece!;
¡si tu tez, sobre tu cuello,
si las perlas de tu vientre
conocieran el fulgor
del ocaso y de la nieve!
El invierno ya llegó,
mira sus ojos inertes,
oye las palabras mudas
como podre entre sus sienes.
Goza el romance y la flor,
sí, tú, bella, que hoy es viernes,
ciudadela eres de sábado
y el domingo te desmiente.

44

Me encuentro, aun estando loco, contigo
sin mejorar, restaño
tu talismán, cual ka
de Jnum, de su alfar,
láctea la estela, laca, atosigo,
aun sin mi lego tesón se unirá.
Mi inutilidad me tiene fuligo
conforme juego a que perlo y espigo,
los nudillos muerdo, hogazas raño,
depresión del prudente,
y mido con el caos mi tamaño.
Desabrido bodigo,
siendo un sacerdote del Nilo ya,
arenoso y decente,
varado calcañal
del cenagal píceo de cada año;
intenta, hembra dorada,
desertar de mi mente,
salir del murciélago de perpiaño
como si fueras vapor o ronquido;
no juro que será
su espíritu por fuerza,
incluso aunque retuerza
tu santidad la nube,
mas nada habrás perdido
por dañarme, con daño siempre estuve
y llevo en la tiara "desvanecido",
de tumba "removido".

¡Oh, malos poetas de cementerio!,
lombrices de pañal,
cuán fétidas lampreas de albañal;
extendemos la instalación del gremio
sin orden ni criterio,
proemio del estepeño bohemio,
creyentes por culpables del crepúsculo;
¿qué yo?, si yo, será un yo diminuto,
vano, errante, minúsculo,
siquier de ti disfruto
con ser fácil optar al atributo;
tu belleza tengo por lejanía,
tu menat y tus melifluas gasas
travisto en afonía,
clérigo de mancebía, sin alma,
acólito de un orbe en atonía.
Poeta de egoísmo,
cantante de hembras rasas
de jareta y enjalma,
de alforja, burdégano desnutrido,
residuo de tu abismo,
sahariano espejismo,
vacío escepticismo,
altísono mutismo
no desaparecido.

45

Esas tripas no son mías,
no lo son, ¡yo soy un niño!,
¿no me ven, allí, jugando,
pescando a orillas del Miño?
¿No me ve usted, señor cuervo,
guirigay de buitre umbrío
sobre el llano polvoriento
en un banquete vacío?
Yo estoy sano, ¡soy un niño!,
como una anguila yo brillo
vivaracha sobre el céspede
verde vernal, fresco y limpio.
¡Apártese, señor cuervo,
con su gabán aburrido!,
¡y no se arime a mi rostro
con su graznido en el pico!;
por fin padre me compró
la caña que hube pedido,
tan insistente por Reyes,
desde siete los añinos;
¡si la acabo de estrenar!,
¿no me ven?, ¡oh, malnacidos!,
tienen que ser de otro bicho,
de otra bestia u otro chico
las vísceras que se roban
en su jaleo bulímico.
No son mías, no soy yo,
imposible, ¡soy un niño!,
yo no me puedo morir,

callen, ¡por Dios!, ¡fuera el ruido!,
que me tengo que dormir,
más silencio necesito,
quiero nanas de mi madre,
hola, mamá, ¡ya has venido!,
cuéntame la historia aquélla
del pobrito soldadito
de plomo que...

46

No porto yo un ritón precisamente
y aun menos me ha salido
cornucopia de mi seso despierto;
te preguntas quién soy yo realmente,
cuando me ves tan gravemente herido,
con un cetro encubierto,
más misterio cuando
bufón voy resultando;
un tosigoso tejo
que a fuerza de años blande su redoble,
cubierto con modales de lagarto,
no burdo, sí complejo,
no vacuo nunca, noble,
mi tránsito prejuzgas como un parto
e incluso me codicias por marido
sin más por tenerme desconocido;
mi enseña, que es tan falaz como gruesa,
que reza "viceversa",
me eleva a tan egregia situación
que dentro de tu mente asaz burguesa
descifras a la inversa,
jamás perjurio mío tu intención,
como si fuera elevado mi gesto,
un regio manifiesto;
yo sígote el proceso,
pues hueles a vainilla
y es eso lo que busco,
ya ves tú cuán hondo enigma, qué exceso,
bonita campanilla.
¿Paz? Yo soy un pedrusco,
¡caray si conocieras mi pasado!
No me merezco estar donde he llegado.

47

Bella joven, solitaria,
milagro de sol de invierno,
carne de melancolía
y heraldo de mundo negro,
tu ensayo irrumpe en la tarde
como un rayo aquí en mi pecho,
identifico tu ausencia
y corre veloz el verso
que abasto no da mi pluma
para pensar lo que siento,
para sentir lo que canto,
para cantar lo que pienso;
¡qué milagro es el romance!,
poema que vive un momento,
pervive cristal, luz, trazo,
candor, sensación, fermento,
más allá del rostro tuyo
y mi malvado cerebro,
como azulean la brisa
helada frutos de enebro.
Corza, nostalgia libre
a brincos por el febrero,
lejana por la dehesa
como una novia de hielo;
de nada vale seguirte,
¿qué aportaría el intento?,
mejor apuntar con papel
que con arco del hambriento;
poema nomás cabañuela,
como inocencia del suelo,

te ríes tú ya invisible
y yo vuelvo a mi aposento,
tú, sólida fantasía,
yo, un escribidor de fuego,
tú cada vez más presente,
yo, cada día más muerto.

48

Urde rebelde tu mano alba y buena
mis vericuetos y vuelve a su rueca,
huecos los teje con viento y metal,
¡besa tu mano el cuerdo musical!
¡Qué sobriedad del castillo en Zamora!
Sitio tu estampa cordial, reina mora;
no me preguntes jamás por mi fe,
puede mi madre, pero nunca usted.
Posa esta pluma infantil de perfil,
le grito "¡quieta!" y me gime que sí,
luego, colmillo, se me clava aquí,
sabe mi sangre a comino y anís.
Pero has perdido, ni el canto de un duro,
Tisbe ha fallado para ser Tibulo,
ha intervenido un Vivaldi feroz,
alzan los pueblos del mundo su coz.
¡Soy inocente!, o al menos soy guapo,
¡ay!, ¿qué está haciendo en mi mente tu mano?,
¿eres la gripe?, ¿qué corcho eres tú?,
huyes sufriente hacia el valle en alud.
Urge un aviso fatal, mi duquesa,
siento negarte nueva enhorabuena,
"¿estás preñada?", dice el animal
ebrio de vino como un carcamal.
Yo soy difícil, no mi arquitectura,
tú estás vedada, fría sepultura,
él nos espera en dorsal de un papel,
luego nosotros perdemos su ser.
¡Vuelve, mujer!, ¡no te estoy expulsando!,
amo tu mano, tu ser y tus labios,
si lo repites lo agradeceré,
¡ser yo tu cantar… tú mi coser!

49

¿A qué sabe el elixir
de tu boca, tan prohibido?
Daría cuanto no tengo
por un último amorío,
definitivas caricias,
¡oh, cementerio marino!,
besos postreros y espurios
de capitán sin oficio;
hasta esa fea aventura
es un sueño sin principio,
lejos dejé la virtud,
hoy lejano está hasta el vicio.
¿Qué se sentirá al oír
muy de cerca tus latidos,
entre tus senos de seda,
sobre un lecho remecido?
¿Qué se siente al bucear
por esos írices límpidos,
arbolados de placer
o colmados de armisticio?
Triste muerte de almirante
frente a océanos perdidos,
miro a tus ojos remotos
que me entierran diamantinos,
me perforan, me desean,
son sonda, incitan henchidos;
he de bajar la mirada,
retirado en el abismo.
Mi singladura acabó,
desanclado desvarío.

50

Avefría en la marisma,
chorlitejo en el marjal,
la turbera en los pulmones
y el remero en el canal,
hunde pértiga en el cieno,
del ocaso es el color,
y el barquero va cantando:
"¡Ah, quiero morir de amor!"
"Permite que te alimente
con esencia de taipán",
responde leve la brisa
con susurro feminal,
una voz de señorina
que entre matas sin olor
incendia el pecho del hombre
y desécase el cantor;
si van hoy al señorío
del barquero allí verán
trashumante sobre dunas,
transformado en arenal,
un mensaje incomprensible,
aturdido de dolor,
la misiva de una dama
que a un balsero respondió;
una pértiga clavada,
calavera en un cardal,
la luna helada en el cielo
y pisadas de alacrán,
y unas grafías errantes,
como a dedo, sin autor,
que dicen, braman, sollozan:
"¡Ah, quiero morir de amor!"

ÍNDICE